You will be MiSSED
MEMORY BOOK

MY Message

_____

_____

_____

_____

_____

_____

_____

_____

_____

_____

_____

_____

_____

Keep in touch

 _____ PHONE   ✉@ _____ EMAIL

Remember WHEN...

_____

_____

_____

_____

_____

_____

_____

_____

_____

_____

_____

Keep in touch

 _____

PHONE

 _____

EMAIL

MY Message

_____

_____

_____

_____

_____

_____

_____

_____

_____

_____

_____

_____

Keep in touch

 _____   @✉ _____

PHONE   EMAIL

Remember

 WHEN...

Keep in touch

 _____
PHONE

 _____
EMAIL

MY Message

_____

_____

_____

_____

_____

_____

_____

_____

_____

_____

_____

_____

Keep in touch

 _____ PHONE   ✉@ _____ EMAIL

Remember WHEN...

_____

_____

_____

_____

_____

_____

_____

_____

_____

_____

_____

_____

Keep in touch

 _____ ✉@ _____

PHONE   EMAIL

MY Message

_____

_____

_____

_____

_____

_____

_____

_____

_____

_____

_____

_____

Keep in touch

 _____   _____
PHONE   EMAIL

Remember WHEN...

_____

_____

_____

_____

_____

_____

_____

_____

_____

_____

_____

_____

Keep in touch

 _____ PHONE

 _____ EMAIL

MY Message

_____
_____
_____
_____
_____
_____
_____
_____
_____
_____
_____
_____
_____
_____

Keep in touch

 _____

PHONE

@ _____

EMAIL

Remember WHEN...

_____
_____
_____
_____
_____
_____
_____
_____
_____
_____
_____
_____

Keep in touch

 _____   _____
PHONE   EMAIL

MY Message

_____

_____

_____

_____

_____

_____

_____

_____

_____

_____

_____

_____

Keep in touch

 _____ PHONE

@ _____ EMAIL

Remember

WHEN...

_____
_____
_____
_____
_____
_____
_____
_____
_____
_____
_____
_____
_____
_____

Keep in touch

 _____
PHONE

 _____
EMAIL

MY Message

_____
_____
_____
_____
_____
_____
_____
_____
_____
_____
_____
_____

Keep in touch

 _____
PHONE

 _____
EMAIL

Remember WHEN...

Keep in touch

 _____
PHONE

 _____
EMAIL

MY Message

_____
_____
_____
_____
_____
_____
_____
_____
_____
_____
_____
_____
_____

Keep in touch

 _____   _____

PHONE   EMAIL

Remember WHEN...

_____

_____

_____

_____

_____

_____

_____

_____

_____

_____

_____

_____

_____

_____

Keep in touch

 _____   _____

PHONE   EMAIL

MY Message

_____

_____

_____

_____

_____

_____

_____

_____

_____

_____

_____

_____

Keep in touch

 _____

PHONE

@ _____

EMAIL

Remember  WHEN...

Keep in touch

 _____
PHONE

 _____
EMAIL

MY Message

_____

_____

_____

_____

_____

_____

_____

_____

_____

_____

_____

_____

Keep in touch

 _____
PHONE

 _____
EMAIL

Remember

WHEN...

_____

_____

_____

_____

_____

_____

_____

_____

_____

_____

_____

_____

Keep in touch

 _____
PHONE

 _____
EMAIL

MY Message

_____
_____
_____
_____
_____
_____
_____
_____
_____
_____
_____
_____
_____

Keep in touch

 _____
PHONE

 _____
EMAIL

Remember WHEN...

Keep in touch

 _____ PHONE   _____ EMAIL

MY Message

_____

_____

_____

_____

_____

_____

_____

_____

_____

_____

_____

_____

Keep in touch

 _____   _____

PHONE   EMAIL

Remember

WHEN...

Keep in touch

 _____

PHONE

 _____

EMAIL

MY Message

_____
_____
_____
_____
_____
_____
_____
_____
_____
_____
_____
_____
_____

Keep in touch

 _____   _____

PHONE   EMAIL

Remember WHEN...

Keep in touch

 _____
PHONE

 _____
EMAIL

MY Message

Keep in touch

 _____
PHONE

✉ _____
EMAIL

Remember

WHEN...

_____

_____

_____

_____

_____

_____

_____

_____

_____

_____

_____

_____

Keep in touch

 _____   _____

PHONE   EMAIL

MY Message

_____

_____

_____

_____

_____

_____

_____

_____

_____

_____

_____

_____

_____

Keep in touch

 _____   _____

PHONE   EMAIL

Remember

WHEN...

_____
_____
_____
_____
_____
_____
_____
_____
_____
_____
_____
_____

Keep in touch

 _____   _____

PHONE   EMAIL

MY Message

_____

_____

_____

_____

_____

_____

_____

_____

_____

_____

_____

_____

_____

Keep in touch

 _____   ✉@ _____

PHONE   EMAIL

Remember

WHEN...

_____

_____

_____

_____

_____

_____

_____

_____

_____

_____

_____

_____

Keep in touch

 _____   _____

PHONE   EMAIL

MY Message

_____

_____

_____

_____

_____

_____

_____

_____

_____

_____

_____

Keep in touch

 _____   _____

PHONE   EMAIL

Remember WHEN...

Keep in touch

 _____ PHONE   _____ EMAIL

MY Message

_____

_____

_____

_____

_____

_____

_____

_____

_____

_____

_____

_____

Keep in touch

 _____   ✉@ _____

PHONE   EMAIL

Remember  WHEN...

_____

_____

_____

_____

_____

_____

_____

_____

_____

_____

_____

_____

_____

Keep in touch

 _____ PHONE

✉@ _____ EMAIL

MY Message

_____

_____

_____

_____

_____

_____

_____

_____

_____

_____

_____

_____

Keep in touch

 _____ PHONE

✉@ _____ EMAIL

Remember WHEN...

Keep in touch

 _____
PHONE

 _____
EMAIL

MY Message

_____
_____
_____
_____
_____
_____
_____
_____
_____
_____
_____
_____

Keep in touch

 _____

PHONE

@ _____

EMAIL

Remember

WHEN...

_____

_____

_____

_____

_____

_____

_____

_____

_____

_____

_____

_____

Keep in touch

 _____   ✉@ _____

PHONE   EMAIL

MY Message

_____
_____
_____
_____
_____
_____
_____
_____
_____
_____
_____
_____

Keep in touch

 _____   _____
PHONE   EMAIL

Remember WHEN...

Keep in touch

 _____
PHONE

 _____
EMAIL

MY Message

_____

_____

_____

_____

_____

_____

_____

_____

_____

_____

_____

_____

_____

Keep in touch

 _____ @ _____

PHONE   EMAIL

Remember WHEN...

Keep in touch

 _____ _____

PHONE   EMAIL

 **MY** *Message*

_____

_____

_____

_____

_____

_____

_____

_____

_____

_____

_____

_____

Keep in touch

 _____   _____

PHONE   EMAIL

Remember WHEN...

Keep in touch

 _____   _____
PHONE   EMAIL

MY Message

_____

_____

_____

_____

_____

_____

_____

_____

_____

_____

_____

_____

Keep in touch

 _____
PHONE

 _____
EMAIL

Remember WHEN...

Keep in touch

 _____
PHONE

 _____
EMAIL

MY Message

_____

_____

_____

_____

_____

_____

_____

_____

_____

_____

_____

_____

_____

_____

Keep in touch

 _____   _____

PHONE   EMAIL

Remember

WHEN...

_____

_____

_____

_____

_____

_____

_____

_____

_____

_____

_____

_____

_____

_____

Keep in touch

 _____   _____

PHONE   EMAIL

MY Message

_____

_____

_____

_____

_____

_____

_____

_____

_____

_____

_____

_____

Keep in touch

 _____   _____

PHONE   EMAIL

Remember

WHEN...

_____

_____

_____

_____

_____

_____

_____

_____

_____

_____

_____

_____

_____

Keep in touch

 _____

PHONE

 _____

EMAIL

MY Message

_____

_____

_____

_____

_____

_____

_____

_____

_____

_____

_____

Keep in touch

 _____

PHONE

 _____

EMAIL

Remember when...

Keep in touch

 _____
PHONE

 _____
EMAIL

MY Message

_____
_____
_____
_____
_____
_____
_____
_____
_____
_____
_____

Keep in touch

 _____ ✉@ _____

PHONE   EMAIL

Remember WHEN...

_____

_____

_____

_____

_____

_____

_____

_____

_____

_____

_____

_____

Keep in touch

 _____   _____

PHONE   EMAIL

MY Message

_____
_____
_____
_____
_____
_____
_____
_____
_____
_____
_____

Keep in touch

 _____   _____

PHONE   EMAIL

Remember WHEN...

Keep in touch

 _____
PHONE

 _____
EMAIL

MY Message

_____

_____

_____

_____

_____

_____

_____

_____

_____

_____

_____

_____

_____

Keep in touch

 _____   _____

PHONE   EMAIL

Remember  WHEN...

_____

_____

_____

_____

_____

_____

_____

_____

_____

_____

_____

Keep in touch

 _____   _____
PHONE   EMAIL

MY Message

_____

_____

_____

_____

_____

_____

_____

_____

_____

_____

_____

_____

Keep in touch

 _____   _____

PHONE   EMAIL

Remember  WHEN...

_____

_____

_____

_____

_____

_____

_____

_____

_____

_____

_____

_____

Keep in touch

 _____   _____

PHONE   EMAIL

MY Message

_____

_____

_____

_____

_____

_____

_____

_____

_____

_____

_____

_____

Keep in touch

 _____   _____

PHONE   EMAIL

Remember WHEN...

_____

_____

_____

_____

_____

_____

_____

_____

_____

_____

_____

_____

_____

Keep in touch

 _____   _____

PHONE   EMAIL

MY Message

_____
_____
_____
_____
_____
_____
_____
_____
_____
_____
_____
_____
_____

Keep in touch

 _____
PHONE

 _____
EMAIL

Remember

WHEN...

_____

_____

_____

_____

_____

_____

_____

_____

_____

_____

_____

_____

_____

Keep in touch

 _____ PHONE

 _____ EMAIL

MY Message

_____

_____

_____

_____

_____

_____

_____

_____

_____

_____

_____

_____

Keep in touch

 _____   _____

PHONE   EMAIL

Remember

WHEN...

_____

_____

_____

_____

_____

_____

_____

_____

_____

_____

_____

_____

_____

Keep in touch

 _____   _____

PHONE   EMAIL

MY Message

_____
_____
_____
_____
_____
_____
_____
_____
_____
_____
_____
_____
_____
_____

Keep in touch

 _____   _____
PHONE   EMAIL

Remember WHEN...

_____

_____

_____

_____

_____

_____

_____

_____

_____

_____

_____

_____

Keep in touch

 _____
PHONE

 _____
EMAIL

MY Message

_____
_____
_____
_____
_____
_____
_____
_____
_____
_____
_____
_____
_____

Keep in touch

 _____   _____

PHONE   EMAIL

Remember  WHEN...

_____
_____
_____
_____
_____
_____
_____
_____
_____
_____
_____

Keep in touch

 _____   _____
PHONE   EMAIL

MY Message

_____

_____

_____

_____

_____

_____

_____

_____

_____

_____

_____

_____

_____

Keep in touch

 _____
PHONE

 _____
EMAIL

Remember

WHEN...

_____

_____

_____

_____

_____

_____

_____

_____

_____

_____

_____

_____

_____

Keep in touch

 _____   _____

PHONE   EMAIL

MY Message

_____
_____
_____
_____
_____
_____
_____
_____
_____
_____
_____
_____
_____
_____

Keep in touch

 _____   _____
PHONE   EMAIL

Remember WHEN...

_____

_____

_____

_____

_____

_____

_____

_____

_____

_____

_____

Keep in touch

 _____   ✉@ _____
PHONE   EMAIL

MY Message

_____

_____

_____

_____

_____

_____

_____

_____

_____

_____

_____

_____

Keep in touch

 _____ PHONE

 _____ EMAIL

Remember WHEN...

_____
_____
_____
_____
_____
_____
_____
_____
_____
_____
_____
_____
_____
_____
_____
_____
_____

Keep in touch

 _____   _____

PHONE   EMAIL

MY Message

_____
_____
_____
_____
_____
_____
_____
_____
_____
_____
_____
_____
_____
_____

Keep in touch

 _____ PHONE   _____ EMAIL

Remember  WHEN...

_____

_____

_____

_____

_____

_____

_____

_____

_____

_____

_____

_____

Keep in touch

 _____ _____

PHONE   EMAIL

MY Message

_____

_____

_____

_____

_____

_____

_____

_____

_____

_____

_____

_____

Keep in touch

 _____   _____

PHONE   EMAIL

Remember  WHEN...

Keep in touch

 _____   _____

PHONE   EMAIL

MY Message

_____

_____

_____

_____

_____

_____

_____

_____

_____

_____

_____

_____

Keep in touch

 _____   _____

PHONE   EMAIL

Remember WHEN...

_____

_____

_____

_____

_____

_____

_____

_____

_____

_____

_____

Keep in touch

 _____ PHONE   ✉@ _____ EMAIL

 # MY Message

_____

_____

_____

_____

_____

_____

_____

_____

_____

_____

_____

_____

_____

Keep in touch

 _____ PHONE

 _____ EMAIL

Remember  WHEN...

_____

_____

_____

_____

_____

_____

_____

_____

_____

_____

_____

_____

_____

Keep in touch

 _____

PHONE

✉ _____

EMAIL

MY Message

_____
_____
_____
_____
_____
_____
_____
_____
_____
_____
_____
_____
_____

Keep in touch

 _____   _____
PHONE   EMAIL

Remember

WHEN...

_____
_____
_____
_____
_____
_____
_____
_____
_____
_____
_____
_____
_____

Keep in touch

 _____
PHONE

@ _____
EMAIL

MY Message

_____

_____

_____

_____

_____

_____

_____

_____

_____

_____

_____

_____

Keep in touch

 _____
PHONE

✉@ _____
EMAIL

Remember  WHEN...

_____
_____
_____
_____
_____
_____
_____
_____
_____
_____
_____

Keep in touch

 _____   _____
PHONE   EMAIL

MY Message

_____

_____

_____

_____

_____

_____

_____

_____

_____

_____

_____

_____

_____

_____

Keep in touch

 _____   _____

PHONE   EMAIL

Remember WHEN...

_____
_____
_____
_____
_____
_____
_____
_____
_____
_____
_____

Keep in touch

 _____ ✉@ _____

PHONE   EMAIL

MY Message

_____

_____

_____

_____

_____

_____

_____

_____

_____

_____

_____

_____

Keep in touch

 _____   _____

PHONE   EMAIL

Remember WHEN...

_____
_____
_____
_____
_____
_____
_____
_____
_____
_____
_____
_____
_____

Keep in touch

 _____
PHONE

 _____
EMAIL

MY Message

_____

_____

_____

_____

_____

_____

_____

_____

_____

_____

_____

_____

Keep in touch

 _____   _____

PHONE   EMAIL

Remember WHEN...

Keep in touch

 _____   _____
PHONE   EMAIL

MY Message

_____

_____

_____

_____

_____

_____

_____

_____

_____

_____

_____

_____

Keep in touch

 _____
PHONE

 _____
EMAIL

Remember WHEN...

Keep in touch

PHONE   EMAIL

MY Message

_____
_____
_____
_____
_____
_____
_____
_____
_____
_____
_____
_____
_____
_____
_____

Keep in touch

 _____ PHONE   ✉@ _____ EMAIL

Remember

WHEN...

Keep in touch

 _____   @ _____

MY Message

_____
_____
_____
_____
_____
_____
_____
_____
_____
_____
_____
_____
_____

Keep in touch

 _____   _____

PHONE   EMAIL

Remember WHEN...

_____
_____
_____
_____
_____
_____
_____
_____
_____
_____
_____
_____
_____

Keep in touch

 _____   _____

PHONE   EMAIL

MY Message

_____

_____

_____

_____

_____

_____

_____

_____

_____

_____

_____

_____

Keep in touch

 _____
PHONE

 _____
EMAIL

Remember WHEN...

_____

_____

_____

_____

_____

_____

_____

_____

_____

_____

_____

_____

_____

Keep in touch

 _____   _____
PHONE   EMAIL

MY Message

_____

_____

_____

_____

_____

_____

_____

_____

_____

_____

_____

_____

_____

Keep in touch

 _____
PHONE

✉@ _____
EMAIL

Remember

WHEN...

_____
_____
_____
_____
_____
_____
_____
_____
_____
_____
_____
_____
_____

Keep in touch

 _____   _____

PHONE   EMAIL

MY Message

_____

_____

_____

_____

_____

_____

_____

_____

_____

_____

_____

_____

_____

Keep in touch

 _____   _____

PHONE   EMAIL

Remember

WHEN...

Keep in touch

 _____
PHONE

 _____
EMAIL

MY Message

_____

_____

_____

_____

_____

_____

_____

_____

_____

_____

_____

_____

_____

_____

Keep in touch

 _____ PHONE

 _____ EMAIL

Remember WHEN...

_____
_____
_____
_____
_____
_____
_____
_____
_____
_____
_____
_____
_____

Keep in touch

 _____   _____
PHONE   EMAIL

MY Message

_____
_____
_____
_____
_____
_____
_____
_____
_____
_____
_____
_____
_____

Keep in touch

 _____

PHONE

 _____

EMAIL

Remember WHEN...

Keep in touch

 _____ _____

PHONE   EMAIL

MY Message

_____

_____

_____

_____

_____

_____

_____

_____

_____

_____

_____

_____

Keep in touch

 _____
PHONE

✉@ _____
EMAIL

Remember WHEN...

_____
_____
_____
_____
_____
_____
_____
_____
_____
_____
_____
_____

Keep in touch

 _____   _____

PHONE   EMAIL

MY Message

_____

_____

_____

_____

_____

_____

_____

_____

_____

_____

_____

Keep in touch

 _____   _____
PHONE   EMAIL

Remember  WHEN...

_____

_____

_____

_____

_____

_____

_____

_____

_____

_____

_____

_____

Keep in touch

 _____ PHONE   _____ EMAIL

MY Message

_____

_____

_____

_____

_____

_____

_____

_____

_____

_____

_____

_____

_____

Keep in touch

 _____   _____

PHONE   EMAIL

Remember  WHEN...

_____

_____

_____

_____

_____

_____

_____

_____

_____

_____

_____

_____

Keep in touch

 _____   _____

PHONE   EMAIL

MY Message

_____
_____
_____
_____
_____
_____
_____
_____
_____
_____
_____
_____
_____

Keep in touch

 _____   _____
PHONE   EMAIL

www.ingramcontent.com/pod-product-compliance
Lightning Source LLC
Chambersburg PA
CBHW081004170526

45158CB00010B/2905